LA VRAIE

RÉPUBLIQUE

DEUXIÈME ÉDITION

PRIX : 50 CENTIMES

EN VENTE

CHEZ ÉVRARD, LIBRAIRE-ÉDITEUR

32, RUE DE LYON

Et chez tous les Libraires

1871

Nous avons l'honneur de dédier ce modeste écrit à tous nos concitoyens, éclairés, sans distinction d'opinions politiques, dans l'espoir d'effacer bien des préventions, si nous n'avons pas le bonheur de convaincre nos adversaires.

Il ne s'agira point ici d'utopies rêvées par un songeur, mais de conceptions positives dont l'idée est venue à l'esprit de quiconque a pu réfléchir aux enseignements des faits contemporains. Nous aurions voulu narrer ces faits, afin de rompre la monotonie d'une dissertation aride : nous les omettrons, par crainte d'être partial et par certitude que leur application n'a pas besoin d'être signalée aux hommes instruits pour qui nous écrivons.

LA VRAIE RÉPUBLIQUE

I.

D'après notre sentiment, la République est de droit naturel et ne peut être remplacée par la monarchie qu'à titre d'expédient dans le cas seul où le peuple serait encore plongé dans la barbarie. Nous n'avons pas à prouver que nos concitoyens, dignes de ce nom, sont capables de gouverner le pays : aveugle qui nierait la civilisation française. Nous nous proposons de démontrer uniquement quelle doit être la morale en action des républicains.

La célèbre devise : Liberté, Égalité, Fraternité, est, par exellence, la formule des principes de la vraie République. Elle contient implicitement des maximes qui feraient le bonheur de la société si nous les mettions en pratique et, néanmoins, elle est en suspicion auprès de très-honnêtes gens qui désirent avec sin-

cérité que nous soyons tous heureux autant qne cela
est possible. Le malentendu vient de ce qu'elle est
incomplète pour le vulgaire qui y voit des droits sans
y découvrir des devoirs. Essayons donc de définir les
principes républicains, du moins, ceux qu'il nous
paraît utile d'expliquer.

LIBERTÉ

Les fatalistes nient la liberté humaine, prétendant
que nous naissons, les uns pour commander et les
autres pour servir : ils oublient que leur hypothèse ne
serait admissible qu'autant que la nature aurait mar-
qué la race des maîtres d'un signe particulier on aurait
donné à la race des esclaves un instinct de sujétion ;
tandis qu'elle nous a tous dotés de formes semblables,
d'un fier esprit d'indépendance et encore de la conscience du juste et de l'injuste, faculté qui serait sans
objet si nous étions soumis à la fatalité.

Mais laissons là cette dispute oiseuse qui nous
éloignerait trop de notre sujet.

Dans le sens philosophique, la liberté est la faculté
avec le droit de faire ce qui nous paraît juste. Elle a
des degrés de perfection, depuis la simple honnêteté
de l'homme qui s'abstient de faire le mal, jusqu'à la
sagesse de celui qui a su acquérir le courage de résis-
ter à la contrainte et à la séduction pour se dévouer
au bien.

Dans le sens usuel, elle est la puissance pour chacun d'agir à son gré. Cette indépendance individuelle

appartient aux méchants comme aux bons : car, l'homme a été créé avec la faculté du libre arbitre, il est souverain de naissance et nul n'a le droit de l'empêcher de faire le mal pas plus que de le forcer à faire le bien. Mais ce souverain est responsable des actes d'injustice et de méchanceté qu'il aura commis de même qu'il a le droit de se défendre contre l'ennemi qui tente de les commettre à son préjudice : la réciprocité l'oblige à être juste.

La justice est le phare de la liberté et quiconque, peuple ou individu, ne s'éclaire et ne se guide pas à sa lumière, marche au hasard dans les voies dangereuses d'un arbitraire dont il abuse quand il est le plus fort ou le plus adroit et dont il souffre quand il est le plus faible ou le moins habile.

EGALITÉ

L'égalité est la parité de droits pour tous les citoyens, la suppression des priviléges qui favorisent les uns au préjudice des autres, le moyen de permettre que chacun use de sa capacité comme il l'entend. Elle ne peut exister que par l'observation réciproque du respect entre les gens inégaux en science, en force, en fortune.

L'égalité, ce n'est point une certaine vulgarité de manières qui nous défendrait la politesse adoptée par nos mœurs ; ce n'est point la promiscuité d'individus de toutes sortes, pas même la familiarité dont on a dit avec raison qu'elle engendre le mépris. Non, non, l'égalité républicaine ne rabaisse pas, n'humilie pas, n'est point l'ennemie du savoir-vivre, de l'élégance, ni même du luxe frivole ; elle ne conteste pas le génie à qui la nature en a fait don, le talent à qui l'a su acquérir, la fortune à qui l'a gagnée honorablement ; elle honore tous les mérites, à la seule condition qu'on ne leur accorde aucune prérogative.

En un mot, l'égalité c'est la dignité de l'homme.

FRATERNITÉ

Les doctes naturalistes qui ont découvert que les hommes sont des singes perfectionnés nient-ils la fraternité ? Cela doit être, puisque la nature, ayant créé plusieurs espèces de singes, a pu produire plusieurs races d'hommes. Nous n'oserions entrer en lice avec de si beaux esprits ; nous les prierons seulement de revoir la question, d'analyser leur propre nature et de nous répondre si les singes ne seraient pas plutôt des hommes dégénérés qui auraient perdu le sens moral ou le sens commun.

La fraternité n'est pas une simple parenté de chair et d'os, semblable à celle des bêtes, qui n'exclut pas la rivalité entre des frères se disputant l'héritage paternel ni la cruauté de Caïn qui tue Abel par jalousie.

Elle n'est pas non plus cet amour de nos semblables que le Christ a enseigné à ses disciples, amour qui va jusqu'à l'abnégation de nos intérêts : entendue ainsi, elle serait trop au dessus de la faiblesse humaine et nul n'oserait la proposer comme une maxime politique.

Elle est le sentiment de bonté qui nous porte à compâtir aux souffrances, à secourir les malheureux, à ne pas exiger tout notre droit et à faire large mesure de ce qui est juste. Cette bonté est de précepte pour les chrétiens, parce que l'amour du prochain ne peut être moindre ; elle est d'obligation naturelle, puisque les jurisconsultes professent qu'exiger son droit rigoureux est une souveraine injustice ; elle est un devoir social pour les vrais républicains, parce qu'elle est le moyen, le seul peut-être, de régénérer nos mœurs énervées et d'assurer le règne de la République.

Plusieurs de nos lecteurs s'étonneront sans doute de voir associer les mots, république et bonté. Nous leur répondrons qu'à la vérité 1793 fut inhumain, mais que les temps sont bien changés : aujourd'hui la révolution est définitivement accomplie, les opinions ont généralement cessé d'être hostiles, la corruption que l'on nous reproche a, du moins, servi à adoucir nos mœurs et déjà les malheurs qui affligent la patrie n'ont-ils pas montré qu'au fond le généreux sentiment de la bonté est le caractère distinctif de la civilisation française. Dans ces heureuses conjonctures la République, victorieuse des entreprises des socialistes ou des conjurations des royalistes, sera clémente aux vaincus : elle l'a prouvé en abolissant la peine de mort.

D'ailleurs, nous espérons qu'elle n'aura rien à redouter de ces deux partis.

Les socialistes, elle les désarmera facilement si elle institu. des commissions de jurés, appelées à juger les transactions excessives, à modifier ou annuler ces transactions en ce qu'elles auraient de contraire aux devoirs de la fraternité : cette institution donnerait pleine satisfaction à la seule raison plausible que les socialistes puissent invoquer à l'appui de leurs systèmes, c'est-à-dire qu'elle fera cesser les prétentions exagérées.

Quant aux royalistes, ceux qui le sont de sentiment resteront fidèles à leur prince ; mais la France compte un petit nombre de ces hommes d'honneur qui disparaissent chaque jour et ne sont pas remplacés par des générations de la même croyance. Les autres ne sont pas attachés invinciblement à la royauté : ils sont des conservateurs qui demandent avant tout l'honnêteté, l'ordre, la stabilité protectrice du travail et qui se rallieront spontanément le jour où la République les tranquillisera, les laissera jouir en paix de leur part de souveraineté et qu'elle sera réellement le gouvernement du pays par le pays.

SOUVERAINETÉ DU PEUPLE

Le gouvernement de l'État et la magistrature appartiennent essentiellement au peuple : « *Populus sibi rex et lex* ». Mais à l'exception de quelques cas où le plébiscite est praticable, il est nécessaire que le peuple gouverne par des représentants et qu'il rende la justice par des jurés de même qu'il faut des agents pour administrer et exécuter.

Les représentants du peuple sont des mandataires

qui doivent se conformer à l'opinion de la majorité qui les a élus et celle-ci doit avoir le moyen de les y forcer. Ce moyen consiste simplement à statuer que les suffrages électoraux seront publics et inscrits sur un registre spécial où les électeurs seront libres de venir les changer et que lorsque les changements auront ôté à un représentant le tiers des voix qu'il avait obtenues, l'élection de celui-ci se trouvera annulée de plein droit. De cette manière, le peuple conserverait sa souveraineté intacte et en permanence; il pourrait toujours révoquer un mandataire devenu infidèle ou désagréable et, de plus, il aurait le précieux avantage de se donner un nouveau représentant toutes les fois que par suite du progrès ou du recul des idées il adopterait une opinion nouvelle.

Sous le prétexte de raison d'un ordre transcendant, la législation française a posé des règles générales qui souvent aident à l'injustice : elle est donc inconciliable avec le principe républicain qui veut que toute violation des devoirs de justice, de dignité et de bonté puisse être atteinte, réprimée, réparée. Si nos lois doivent être réformées dans ce dernier sens, autant vaut les abolir et remplacer notre magistrature par celle des jurés qui ne sera pas inférieure à l'autre si on lui adjoint un président, homme de science et d'expérience : car les jurés seront toujours aussi compétents que la plupart des juges qui siégent dans nos tribunaux, gens fort honorables sans doute, mais généralement peu pourvus de connaissances juridiques et jugeant, dans les cas difficiles, d'après l'avis de leur président, faute de savoir se former une opinion.

Nous n'en dirons pas davantage sur ce sujet délicat qui mérite d'être traité à part.

Enfin, les agents des administrations doivent être nommés au concours, par rang de mérite et salariés selon l'importance de leurs services. Dans l'exercice de leur emploi ils sont les serviteurs des citoyens.

La souveraineté du peuple dont nous venons d'esquisser les droits, réside dans l'opinion publique loyalement manifestée par les votes des citoyens.

Ne sont pas citoyens la femme et le jeune homme qui sont tenus pour n'être pas libres, l'une parce qu'elle est dominée par la tendresse de son cœur et l'autre parce qu'il manque d'expérience ;

Ne doivent pas être admis à l'exercice des droits politiques, les illettrés, parce que leur esprit inculte ne pouvant s'élever aux notions de morale générale, ils ne comprennent rien au-delà de leur intérêt personnel : *Sicut equus et mulus quibus non est intellectus;*

En doivent être exclus, pour cause d'indignité, les condamnés pour délit et les gens de mauvaise vie jusqu'à ce qu'ils aient obtenu leur réhabilitation ;

En sont déchus à jamais les condamnés pour crime.

La souveraineté du peuple est inaliénable : le peuple ne peut s'en dessaisir ni pour un temps ni pour toujours sans rester maître de la reprendre quand bon lui semble.

Elle n'est pas absolue : le peuple n'a pas le droit de violer les principes de la morale, l'autonomie de la famille, la propriété du travail, la liberté de cons-

cience ; non plus que de porter atteinte, d'une manière préventive, à l'indépendance individuelle ni
aux libertés publiques.

ORDRE PUBLIC

L'ordre public repose sur un contrat d'assurance
mutuelle qui se forme de soi entre les citoyens par
cela seul qu'ils vivent en société, mais qui ne s'étend
pas au-delà des conditions indispensables à la sécurité des personnes et de l'Etat et à la sûreté des
transactions.

Il consiste non pas dans la seule tranquillité de la
rue, mais surtout dans le respect pratique de tous
pour la liberté de chacun.

Il a été troublé, depuis 1830, par les agents de
l'autorité plus souvent que par le peuple : car, le roi
Charles X tenta de violer la liberté de conscience et
la Charte constitutionnelle, la Chambre des députés
qui a conféré la royauté au duc d'Orléans viola la
souveraineté nationale, Louis-Philippe viola les conditions du gouvernement parlementaire, la République
de 1848 viola l'indépendance du peuple en ne lui
réservant pas le droit de révoquer ses représentants
et Bonaparte a violé toutes les libertés, tous les droits
et tous les devoirs.

C'est que le propre de l'autorité est de tendre à
l'arbitraire, de se croire infaillible, de regarder les
citoyens comme des sujets et d'être agressive et per-
fide. Oui, nous l'affirmons, les horreurs qui accom-

pagnent les mouvements populaires sont presque tou-
·jours l'œuvre de l'autorité et pour le prouver, malgré
notre résolution de ne point aborder les détails, nous
rapporterons un fait, un seul entre mille, qui édifiera
les honnêtes gens.

C'était à Lyon, au mois de juin 1849, sous la Pré-
sidence de Bonaparte. Une tentative d'insurrection
avait eu lieu pendant la journée ; elle avait commencé
par un coup de feu que tira sur un factionnaire un
homme à l'air malpropre, remarquable par sa crinière
inculte, sa barbe hérissée, d'un rouge sâle, par un
visage affreusement grêlé. Cet individu était doué
d'une rare éloquence que rehaussait une instruction
solide et variée. Il était tombé à Lyon, on ne savait
d'où, dans les premiers jours de mars 1848 ; il se
mit à courir les clubs, les assemblées, les manifesta-
tions, s'introduisit dans toutes les sociétés secrètes,
se distingua par ses motions extrêmes, ses discours
véhéments et il était devenu l'un des chefs du parti
de l'action.

Après leur déconvenue, les insurgés se réunirent
pour délibérer de ce qu'ils feraient. Le premier opi-
nant proposa de brûler le quartier des Capucins où
étaient alors les magasins de soieries ; le second in-
diqua des moyens d'exécution et les autres approu-
vèrent, à l'exception d'un intrus qui se trouva là
fortuitement et qui demanda pourquoi ruiner une
industrie dont vivaient 150,000 personnes ? pourquoi
frapper les fabricants qui n'avaient pas été mêlés à
la lutte ? pourquoi déshonorer le nom républicain par
un attentat sans provocation et sans excuse ? A ces

mots, le président leva la séance, l'assemblée se dispersa et la ville de Lyon fût sauvée d'un désastre.

Et bien, celui qui le premier vota l'incendie était l'énergumène des clubs, déguisé en homme malpropre, et ce misérable était un agent de la faction au pouvoir, envoyé de Paris pour avilir la République en poussant les Lyonnais à des excès et ses acolytes ont été dévoilés en 1870 comme agents de la police secrète.

Donc, il faut destituer les agents des administrations de ce pouvoir d'initiative que l'on appelle l'autorité, les renfermer dans le cercle d'attributions rigoureusement définies, les déclarer responsables de leurs actes devant les jurés du pays et surtout réserver à l'Assemblée des représentants le commandement suprême de la force publique, afin que l'État ne soit plus à la discrétion d'un usurpateur.

En résumé, dans la vraie République les droits de liberté, d'égalité et de fraternité sont tempérés par les devoirs de justice, de dignité et de bonté ; la souveraineté du peuple est équilibrée par l'indépendance individuelle et par l'exclusion des incapables et des indignes, elle est limitée par les lois de la morale naturelle et garantie par la révocabilité des représentants ; enfin l'ordre public dérive d'un contrat social à l'avantage de tous les honnêtes gens et n'est plus à la merci d'une autorité tyrannique.

II

Les gens d'esprit prennent plaisir à finir la pensée d'un auteur ; ils préfèrent la chercher dans des demi-mots plutôt que d'essuyer l'ennui des amplifications interminables. Aussi, pour ne pas déplaire à nos lecteurs, nous serons sobre de développements et, pour commencer, nous n'ajouterons rien à notre esquisse de la Liberté, de l'Égalité et de la Fraternité, si ce n'est de souhaiter que nous, républicains, nous ne perdions jamais le souvenir que la Justice, la Dignité et la Bonté en sont inséparables.

Quant à notre théorême de la souveraineté du peuple, il manque d'explications suffisantes. Oh ! que l'on appréhende pas de nous voir entreprendre une sèche argumentation en faveur de cette souveraineté, contestée de ceux qui la connaissent mal : Nous écartons la question, de propos délibéré, pour cette raison bien connue que les discussions politiques n'ont jamais converti ni royalistes, ni républicains, et qu'un changement d'opinion se forme seulement par l'effet spontané de réflexions intérieures ou par la force d'évènements calamiteux qui portent avec eux des leçons incontestables.

Ce que nous devons énoncer plus nettement, c'est ce qui touche à l'exercice de la souveraineté et à l'ordre public.

DES INCAPABLES ET DES INDIGNES
DE LA SOUVERAINETÉ

Décréter la loi et rendre la justice sont des attributions essentielles de la souveraineté et, certainement, tout citoyen est en droit de les exercer par son concours direct ou par délégation, moyennant des règles qui préviennent les abus ; mais dans la vraie République, nul n'est citoyen s'il n'est présumé savoir raisonner des choses morales et s'il n'est honnête homme : c'est surtout en cela qu'elle diffère de la fausse République, appelée des anciens l'*Ochlocratie*. Dans les rangs confondus de ce gouvernement de la multitude se coudoient, pêle-mêle, des gens instruits et des crétins, des gens d'honneur et des coquins, des Jérôme Paturot à la recherche de places dans la magistrature, d'emplois dans l'administration et quelques nobles ambitieux, dégagés de tout intérêt personnel, tout dévoués à servir l'humanité, la patrie. Par malheur, nul ne s'inquiète d'éliminer les incapables ni d'expulser les indignes et quand éclate une commotion politique, tout ce monde idiot ou impur s'agite, se prétend notre maître à nous, s'irrite de la moindre résistance à sa volonté, s'enflamme, se répand en insultes, effraye les timides, remplit la cité d'alarmes et, si de courageux citoyens ne sont pas là, se livre à des excès atroces.

Nous avons eu dans notre ville un affreux exemple

de la cruauté de cette plèbe détestable. Le brave commandant Arnaud avait refusé de donner le signal de la guerre civile ; menacé, maltraité, il avait eu la fermeté de ne point céder à la violence ; il pouvait et, peut-être, devait-il, se défendre contre les assaillants : mais non, il se contente de tirer en l'air deux coups de feu pour appeler à son aide et voilà que la tourbe stupide l'accuse d'avoir tiré sur Sa Majesté le Peuple, l'emporte dans son club, le condamne à mort et le fusille !

Et penser que cette populace ne se doutait pas qu'elle fit l'office de vil bourreau ! Car, dans son inepte ignorance, ne se croyait-elle pas un monarque absolu, un Louis XIV de la rue, et à qui lui aurait voulu remontrer qu'il est injuste de juger dans sa propre cause, tyrannique de condamner sans entendre une défense, exécrable de tuer un homme qui n'a pas tué, n'aurait-elle pas répondu par des ricanements de hyène ?

Quelle hideuse engeance qui s'arroge tous les droits et méconnait tous les devoirs !

De grâce, messieurs les royalistes, ne triomphez pas de notre indignation, si vous voulez que l'on ne vous reproche point les paysans qui, au mois d'août dernier, massacrèrent et brûlèrent vif un malheureux républicain inoffensif. Maudissons ces horreurs et concluons ensemble qu'il faut exclure de toute participation à la souveraineté les bêtes féroces, de quelque parti qu'elles soient.

Bêtes féroces : excusez, lecteurs délicats, ces termes violents. Nous ne savons pas d'autre expression assez juste pour rendre notre pensée et puis, considérez que ces sauvages, accoutumés à se traiter grossièrement entre eux, prendraient un langage contenu pour de la peur : ils ne comprennent pas ce qui se dit simplement, modérément. Ainsi, que dans une réunion publique, une personne, de bonne intention, parle avec sagesse, ils demeurent indifférents ; tandis que l'orateur pérore-t-il avec véhémence, lance-t-il à pleins poumons, des phrases creuses, mais sonores, ils acclament, applaudissent à outrance, comme des fous que surexcite une musique stridente. De même, un journal, feuille mercantile, annonce-t-il une nouvelle à sensation, fausse, invraisemblable, impossible, ils l'admettent à l'instant, la propagent avec assurance et ne permettent pas qu'on en doute : ils y croient, parce qu'elle est absurde, *quia absurdum.*

Louis-Napoléon les connaissait bien, lorsqu'en 1848 il envoyait ses raccoleurs de suffrages leur promettre qu'il ferait partager les ouvriers avec les patrons, qu'il payerait les dettes de la France et abolirait les impôts. Ils ajoutèrent foi à ces hableries déhontées et votèrent pour leur grand socialiste. Oui, oui, les soi-disant républicains des faubourgs, à Paris comme à Lyon, ont voté, en 1848, en 1851, en 1852, pour le même Bonaparte qu'en 1870, ils ont insulté, bafoué, *parce qu'il était à terre.* Du moins, étaient-ils mus, entrainés par de la haine contre l'auteur de nos désastres ? Non. Le patriote s'attriste de l'humiliation de son pays, s'afflige des maux de la guerre, s'indigne contre les cruautés de l'ennemi, s'anime des colères de la vengeance, prend

2

les armes aux accents de la *Marseillaise*, se soumet à la discipline rigoureuse, à la fatigue, à la faim, à la soif, aux souffrances, résolu de vaincre ou de mourir. Mais, eux, ils se sont cachés tant qu'ils l'ont pu ; puis, ils sont partis, se soûlant de vin, s'énervant avec les catins, chantant des couplets crapuleux ; ils ont été rebelles à toute subordination ; ils ont fui lâchement, traîtreusement. Et l'on oserait soutenir que de tels drôles sont capables de quelque sentiment qui ressemble à du patriotisme ! Et on les accepte-terait plus longtemps pour des citoyens !

Il serait injuste de juger avec la même sévérité les paysans qui ont voté pour Bonaparte : ils ont péché par défaut de connaissance ; ils ont manqué de l'instinct subtil qu'ils apportent d'ordinaire dans la conduite de leurs affaires d'intérêt, instinct qui leur eut persuadé, s'ils l'avaient consulté, que le conspirateur, l'aventurier, dissipateur, perdu de dettes, ne tiendrait pas ses promesses. Au fond, ils espéraient d'être allégés de la charge des impôts et leur désir était légitime.

Quoiqu'il en soit, sans les paysans et les ouvriers socialistes, le Prince n'eut pas été élu président, il n'eut pas eu la facilité de commettre son coup d'Etat et à la France auraient été épargnés les sinistres châ-timents qu'elle subit. La leçon est trop dure pour que les bons français, républicains et royalistes, ne re-connaissent pas le danger d'abandonner le sort de la patrie à la merci des insensés.

A la vérité, des hommes de beaucoup d'honneur, d'instruction et de judiciaire, ont eux-mêmes voté pour Bonaparte en 1851 et en 1870. Celà s'explique tant bien que mal de la part des royalistes qui, menacés en 1851 par le vainqueur et carressés en 1870 par le vieillard, votèrent la première fois par terreur et la seconde par espoir de supplanter l'empire : nous n'avons pas à juger ces jeux de la faiblesse et de l'intrigue.

A l'égard des conservateurs qui, généralement, appartiennent à l'industrie et au commerce, nous devons convenir qu'ils ne pouvaient voter autrement. Ils n'avaient aucune inclination pour Bonaparte dont les antécédents ne les rassuraient point ; ils n'étaient pas des hommes à passions politiques et ne demandaient à un gouvernement que d'assurer la tranquillité, nécessaire au travail ; ils ont donc voté par nécessité, de même que par la famine les braves Parisiens ont été forcés de se rendre. Hélas ! dans notre pays où des millions de pauvres gens, sans épargnes, vivent de labeur, au jour le jour, que deviendrions-nous, si une agitation permanente faisait arrêter la marche de nos ateliers ?

D'ailleurs, les conservateurs sont-ils hostiles à la République ? N'ont-ils pas, en 1848, donné leurs 1,500,000 voix à Cavaignac ? Et, présentement, ne déclarent-ils pas hautement, dans les rangs de la Garde Nationale, qu'il faut repousser les tentatives de restauration monarchique, établir un gouvernement républicain, à bon marché, honnêtement conduit, qui maintienne l'odre, protége la liberté, réprime les violences, administre avec économie, aide les malheureux à améliorer leur triste condition ? Ce programme n'est pas celui de la vraie République, en ce sens qu'il est autoritaire : mais n'témoigne-t-il pas d'une bonne volonté républicaine ?

Appelons donc les conservateurs à se joindre à nous : ils nous enseigneront le sens pratique qui, tant de fois, nous a fait défaut et deviendront les solides appuis d'une République impérissable. Pour rallier d'aussi précieux auxiliaires, privons de l'exercice des droits politiques, les incapables et les indignes. Sans doute, il sera difficile de les tous atteindre : car, il y a des gens instruits, dépourvus de judiciaire et des fripons, déguisés en honnêtes gens. Du moins, excluons le plus grand nombre possible, nommément, parmi les incapables, ceux qui ne savent pas écrire et, parmi les indignes, ceux qui sont notoirement adonnés à l'ivrognerie, ceux qui vivent sans travail et sans moyens d'existence, ceux qui ont subi des condamnations correctionnelles et ceux qui ont été condamnés pour crime. Point de grâce pour les illettrés qui seraient doués d'intelligence supérieure ! Qu'ils profitent de leur génie naturel et qu'ils aillent à l'école, à l'exemple de Caton !

Encore quelques lignes à ce sujet.

Uu électeur ignorant se prépare à choisir entre deux candidats d'opinions contraires ; il va prendre conseil et vote comme on le lui a dit, de confiance, et sans comprendre pourquoi. Evidemment, il n'a été que l'organe de son conseilleur ; celui-ci a émis deux suffrages, l'un par lui-même et l'autre par le citoyen porte-voix et si le conseilleur a insufflé son inspiration à cent citoyens du même acabit, il aura disposé de cent parts de souveraineté de plus que la sienne, usurpé une influence quelquefois décisive et, par ce fait, la souveraineté aura été altérée, faussée. Admettons que, dans les cas ordinaires, une telle conséquence ne soit pas de grande importance. Mais, supposons qu'il surgisse l'une de ces questions redoutables que posera le socialisme si on ne le devance par de sages réformes, par exemple, la question du communisme. — Mon dieu ! par le temps qui court, l'on ne doit répondre de rien. — Et bien, si nôtre système électoral n'est pas modifié, que peut-il arriver? Assurément, nos paysans illettrés tiennent autant que les autres à leur bien et jamais il ne souffriront qu'on y touche. Pourtant, il n'est pas impossible qu'on ne surprenne leur bonne foi. Déjà, les communistes ont gazé leur utopie du nom scientifique de *propriété collective.* Propriété, comme ce mot flattera doucement l'ouïe du père Picot qui ne soupçonnera pas la trahison cachée sous le mot accouplé ! En effet, quand il faudra voter, Picot ira consulter un adepte du *collectivisme,* écoutera, bouche béante, le boniment séducteur qu'on versera dans ses longues oreilles —« L'on vous a conté que nous voulons abolir la propriété, lui insinuera-t-on : c'est une infâme calomnie. Si vous saviez lire, vous verriez dans nos livres que nous sommes partisans de la propriété collective. De la propriété.... est-ce clair ? Collective.... c'est-à-dire que vous ne payerez plus d'impôts, plus de foncier, plus de centimes additionnels, plus de prestations, etc., etc. » — Et le père Picot, avec ses congénères, iront, en chantant, voter pour le candidat *collectiviste*... avec le même entrain que ci-devant pour Bonaparte.

Ah! si la loi du bonheur en commun passait et qu'on vint annoncer à ces paysans que l'Etat est maître chez eux, quel courroux! quels coups de fourche! Mais, hélas! le mal serait fait et l'affreuse guerre civile entre ceux qui ont et ceux qui n'ont pas, guerre fratricide, exécrable, achèverait l'œuvre de destruction, des Allemands barbares.

Lecteurs, êtes-vous d'avis de courir l'horrible aventure?

DE LA RÉVOCABILITÉ

DES

REPRÉSENTANTS DU PEUPLE.

Les candidats, quand ils postulent, sont pour le peuple d'une courtoisie, d'une docilité, d'une soumission pareille à l'humilité du courtisan. Ils promettent de s'inspirer toujours de la haute sagesse de leurs *très-chers* électeurs, s'engagent à suivre scrupuleusement la ligne politique du parti, jurent leurs grands dieux qu'ils défendront l'opinion de leurs commettants avec ardeur, quelques-uns disent même, *jusqu'à la mort*; et sitôt qu'ils ont été nommés, *adieu paniers, les vendanges sont faites!* Oh, certes? nos représentants ne deviennent pas du tout impolis, ne cessent point leurs relations empressées avec les électeurs-meneurs et ne dénient pas précisément les obligations de leur mandat. Mais chacun d'eux se fait, a part-soi, cet ingénieux et modeste raisonnement.

— J'ai été élu, parce que je suis un philosophe émérite, un érudit qui disserte *de omni re scibili*, un politique profond, un économiste distingué, un orateur éminent, un homme bien supérieur au commun. Mes électeurs ne me vont pas à la cheville ; ils volètent terre-à-terre et ne sauraient monter dans la sphère de mes pensées. C'est donc à moi de juger et à eux de s'en rapporter. Mon mandat, je le remplirai selon ma conscience, mieux éclairée que leur esprit inférieur : ma dignité l'ordonne.

Chose singulière ! sur la foi d'un sophisme conçu de pur amour-propre, Monsieur le Député se rend indépendant des citoyens qui l'ont investi de leurs pouvoirs, s'approprie leur souveraineté, se prétend l'élu de la France, se transforme en prince de suffrage universel et vote pour ou contre, selon son bon plaisir, à moins qu'il n'ait peur de compromettre sa réputation.

— Non, Monsieur, vous n'êtes pas indépendant, vous n'êtes pas l'élu de la France, partagée en opinions diverses dont vous puissiez choisir celle qui vous convient ; non, vous n'êtes pas un beau prince. Au contraire, vous êtes plus Gros-Jean que devant : car, simple citoyen, vous étiez libre de changer d'opinion comme de chemise ; tandis que, maintenant, vous êtes un fondé de procuration, chargé de légiférer dans un sens déterminé, un avocat obligé de soutenir la cause de votre client sans rien céder à la partie adverse et s'il vous plait d'en agir à votre guise, vous devenez mandataire infidèle, vous abusez de la confiance de vos électeurs, vous manquez au devoir, à l'honneur.

Tout mandat est, de sa nature, impératif. La procuration, donnée pour les affaires ordinaires de la vie, interdit implicitement au fondé de pouvoirs de rien faire qui soit contraire aux instructions du mandant : c'est là un axiôme du sens commun. Pourquoi donc serait-il loisible aux représentants de se prononcer contre l'opinion de leurs électeurs ?

Tout mandat est également révocable à la volonté du mandant. Autrement, celui ci abdiquerait, aliénerait sa liberté, la céderait au mandant : ce qui implique contradiction dans les termes et dans l'essence du contrat.

Or, si l'on a imaginé d'assigner une durée fixe au mandat électif, serait-ce pour abolir le droit de révocation ou bien, seulement, afin d'éviter le renouvellement trop fréquent de l'agitation qui s'élève dans tout le pays au temps des élections générales? — Mais l'inconvénient de l'agitation n'existe pas pour les élections partielles qui se font chaque fois qu'un représentant décède ou se démet, et les révocations ne donneraient lieu qu'à des élections partielles : celà saute aux yeux. Donc l'on a voulu abolir le droit de révocation et c'est pour ce motif qu'on l'a oublié dans les chartes royales et dans les constitutions pseudo-républicaines.

Peut-être, n'y aurait-il pas grand mal à cette prétérition, si elle ne profitait qu'aux représentants, trop fiers, mais à peu près fidèles. Par malheur, combien elle favorise de coupables capitulations de conscience, de scandaleuses défections, de déplorables abus !

D'ailleurs, la révocabilité servirait de sanction efficace au mandat impératif. Exemple :

Un candidat se dit républicain du lendemain ; il est élu par des républicains crédules ; arrivé à l'Assemblée, il vote en monarchiste qu'il est. Si le mandat est non révocable, l'audacieux effronté en sera quitte pour la honte de sa perfidie, honte dont il ne rougira guère et il continuera de voter, trois ans, cinq ans, sept ans, contre le parti qu'il avait promis de représenter ; tandis que si le mandat est révocable, les électeurs remercieront l'infidèle et le renverront, confus, recompter ses rentes, plaider ses procès ou planter ses choux.

Lecteurs, ne soyez pas surpris que la vraie République soit plus exigeante pour les droits du peuple souverain que ne le veulent les *Ochlocrates* qui se bornent à réclamer le mandat impératif et ne s'inquiètent nullement de la révocabilité. Qui sait? dans leur for intérieur, seraient-ils bien aises, une fois nommés représentants, de ne plus dépendre de leurs électeurs, de jouir du *motu proprio*, d'être aussi de petits potentats? Nous les sonpçonnons véhémentement d'un grand faible pour l'*autoritarisme* : à tout-à-l'heure, leur confession.

Pour le moment, voyons le moyen de mettre la révocation en pratique.

D'abord, il faut que le vote soit émis sur un bulletin, écrit et signé du votant et qu'après la validation de l'élection, il soit, dans chaque mairie, ouvert à l'élu un compte détaillé des suffrages qu'il a obtenus, avec un livre *adhoc* où les électeurs viendront se rétracter quand bon leur semblera.

Ensuite, la comptabilité des suffrages et des rétractations sera tenue à jour, le résultat en sera transmis, chaque semaine, au chef-lieu électoral et lorsque l'élu aura été trouvé en perte du tiers ou de moitié de ses suffrages, il sera déchu de sa nomination, de plein droit, sera exclu de l'Assemblée sur le vu d'une notification au président et l'on procèdera à une nouvelle élection, dans la quinzaine au plus tard, sans qu'il soit permis aux agents de l'administration de prolonger le délai.

Ajoutons quelques précautions pour garantir l'opération contre la fraude et tout est fait,

Rien de moins compliqué que ce système.

La publicité des suffrages est la seule objection que l'on puisse opposer et nous n'avons qu'à répondre que si le vote secret est excusable sous la monarchie, il ne l'est point sous la vraie République où le citoyen doit avoir le courage de son opinion, puisqu'il n'a rien à redouter du gouvernement, désarmé d'un autorité ombrageuse et oppressive.

DE L'AUTORITÉ

En France, il n'est pas de jour où l'on n'entende dire à tout propos : il faudrait que le gouvernement fît ceci, qu'il ordonnât cela ; Ah ! si j'étais le gouvernement. C'est une manie universelle que l'on prendrait pour du sens commun si l'on ne s'apercevait que l'un veut le contraire de ce que l'autre demande, ainsi qu'on voit le citadin souhaiter un soleil étincelant pendant que le *rural* implore du ciel une averse. Malgré ce dissentiment du oui et du nom, tout le monde s'accorde à supposer que nous sommes eñ tutelle et que nos tuteurs ont une autorité indéfinie pour commander et se faire obéir.

En monarchie, ce préjugé n'était pas sans excuse : on avait un roi ou un empereur pour que lui et ses agents fissent nos affaires et l'on comprend que pour maintenir l'ordre public, ils eussent une latitude d'action, une faculté d'initiative, pourvu qu'elle fût équitable.

En république, les choses sont différentes : le soin de l'ordre et par conséquent l'autorité appartiennent aux citoyens, notamment aux Gardes nationales ; les agents du gouvernement, simples employés, exécutent la loi d'après son texte et ne peuvent rien de plus, parce que tout ce qui n'est pas défendu est permis et que tout ce qui est obscur ou non défini s'interprète en faveur de la liberté.

Nous parlons de la vraie République qui a des lois certaines et non de l'*Ochlocratie* où le peuple est le roi et la loi dans ce sens dépravé que le gouvernement et la justice n'ont pas de règles écrites ou bien qu'ils sont livrés, quand même, au caprice d'une foule inconstante et déraisonnable qui condamne Aristide à l'exil, parce qu'il a la réputation d'un homme juste.

Combien elle aime l'autorité, l'Ochlocratie, et qu'elle en abuse! Nous l'avons eue de septembre à février : lecteurs, jugez-la par ses œuvres.

Bonaparte, disparu dans le naufrage de son habileté éteinte, avait englouti avec lui les forces actives du pays. Néanmoins, la nation pouvait réparer le désastre, si elle eut été promptement rendue à son génie naturel. Le peuple français, chloroformisé par l'empire, n'avait qu'à secouer sa torpeur pour redevenir le peuple héroïque de 92, plus puissant par sa richesse et plus redoutable par le nombre de sa population. Pour atteindre ce but, il fallait, dès le 4 septembre, convoquer les citoyens à élire une Assemblée nationale qui eut constitué le gouvernement de la République, renaissante, que, par devoir patriotique autant que par impuissance, pas un monarchiste n'aurait contesté. Le nouveau gouvernement, fort de sa légitimité, investi d'une dictature nécessitée par les périls de la patrie, respecté et obéi de tous, eut fait appel aux capitalistes qui l'auraient pourvu d'argent en abondance, eut mis sous les armes deux millions d'hommes, bien équipés, bien nourris, eut chassé tout général suspect de bonapartisme, fusillé tout intendant prévaricateur, tout officier fauteur d'indiscipline et, par l'ensemble de ses mesures, par la vigueur de son action, il eut d'abord obtenu quelques succès de détail, eut arrêté le cours de nos défaites, restitué la confiance aux soldats, disputé à l'Allemand ses victoires et aurait fini par vaincre l'odieux ennemi ou par le contraindre à une paix honorable. Oui, lecteurs, vous le pensez avec nous, une dictature conférée par la nation à un conseil d'hommes spéciaux, honnêtes, intelligents, fermes, énergiques, eut sauvé la France. La longue portée des canons prussiens n'aurait pas intimidé nos armées républicaines, lancées en avant par des officiers ivres de patriotisme et non d'absinthe, courant sur les batteries, égorgeant les canonniers, éventrant les Teutons, si braves de loin, si lâches devant la baïonnette. — Mais, l'enthousiasme n'a pas allumé les cœurs, l'élan n'est pas venu : à qui la faute ? Ecoutez, lecteurs, les extravagances des Ochlocrates !

Au 4 septembre, les Ochlocrates proclamèrent la République *sous condition* qu'elle serait confirmée, condition étrange qui, dans la pensée de ses auteurs, voulait dire au peuple : Nous sommes seuls capables de sauver le pays, laissez-nous faire, vous verrez des merveilles et, après le triomphe, vous serez heureux de nous confier les destinées d'une république définitive. Et de fait, ils s'emparèrent du gouvernement et s'instituèrent dictateurs, sans autre assentiment qne le silence d'une nation ahurie à l'aspect de malheurs inattendus. Hélas ! leur capacité ne fut pas à la hauteur de leur audace présomptueuse. Ils improvisèrent ministres de la guerre, à Paris, un général, mis à pied sous l'empire pour cause d'insuffisance, un faiseur de brochures comme nous, et à Tours, un avocat, beau parleur de Gascogne, qu'ils firent de plus ministre de l'intérieur, concentrant dans une main inexpérimentée les attributions les plus étendues et les plus difficiles. Le général, s'il ne sut pas se battre, du moins, organisa-t-il bien la

défense de la Capitale. Mais, l'avocat! Ce fut douleur
et pitié de regarder cet homme de robe diriger,
sans douter de soi, des opérations qui eussent rempli
d'anxiétés l'esprit d'un homme de guerre éprouvé,
d'un administrateur vieilli dans la carrière. Aussi,
quel désordre! Le ministre, à toque, débute par
nommer aux emplois civils nombre de chevaliers de
l'intrigue, ignorants comme lui de la charge qu'ils
auraient à remplir, les prend au hasard, dans le tas,
sans craindre qu'ils ne soient sujets à reproche et, de
toutes parts, s'élève un vent de méfiance qui souffle
la réaction. Il passe des marchés de fournitures, né-
glige de s'entourer de gens experts, traite à des prix
excessifs, reçoit livraison de draps pourris, de
vêtements mal cousus, de chaussures à semelle collée,
de fusils défectueux et ses marchés avec des fripons
le font suspecter, lui et les siens, de fortaiture, de
pillage. Les munitions et les vivres ne sont pas en-
voyés à temps ou s'envoyent à fausse destination, nos
troupes souffrent de la faim, sont forcées de se re-
plier ou sont massacrées, mais on lui fait accroire
que des erreurs sont inévitables, il ne punit point
des intendants qui sont traîtres ou incapables et les
mêmes crimes ou les mêmes fautes se perpétuent
jusqu'à notre dernière défaite. De prétendus échappés
de Sédan viennent lui offrir leur épée fourbue, la
prudence exigeait de la circonspection, mais il s'em-
presse de les recevoir à bras ouverts et nos légions
de marche attestent que ces misérables les condui-
sirent à gauche quand l'ennemi se trouvait à droite
et que parfois ils donnèrent le signal et l'exemple de

la déroute sans combat, à la vue de trois uhlans arrivant en éclaireurs. Pour comble d'outrecuidance et, à la fois, d'absolutisme, ce ministre autocrate ne voulait-il pas, après nos revers, continuer la guerre à outrance, sans consulter la nation ! A la vérité, il était appuyé de beaucoup de vrais républicains et de la multitude des Ochlocrates. Mais les premiers, par candeur, ne croyaient ni aux incapacités ni aux perfidies, véritables causes de notre ruine et les seconds n'étaient qu'un ramas d'entêtés qui veulent parce qu'ils veulent et dont l'obstination croît en raison directe de leur inintelligence. Ceux-ci du reste, façonnés à l'image de leur ministre favori, montrèrent la même incohérence dans les Comités de Salut public où ils s'installèrent de leur propre autorité, tranchant du législateur, arrêtant, décrétant impôts extraordinaires, emprunts forcés, taxes des riches et tout ce qui leur passait par la tête, comme si nous autres citoyens nous n'eûssions eu qu'à vider nos poches dans les mains de ces conquérants de villes abandonnées.

Voilà qu'elle a été, en raccourci, la manière dont les Ochlocrates ont exercé l'autorité et encore, bien heureux est-il que notre civilisation réprouve la violence, sinon, la terreur de 1851 n'aurait-elle pas eu de lamentables représailles en 1870 et nous même, lecteurs, étrangers aux luttes des partis, n'aurions-nous eu rien à redouter pour notre propre sécurité? Car, sous ce régime de même que sous tous les régimes où l'autorité réside virtuellement dans la volonté des personnes et non exclusivement dans la loi, elle persécute

ou inquiète ceux qui ne lui baisent pas les mains ; ses
agents, du plus élevé au plus infime, se complaisent
dans un arbitraire, vexatoire, injurieux et insolent ;
monarques, présidents, pour avoir prétexte d'em-
piéter sur nos droits, fomentent des séditions meur-
trières qui enveloppent les citoyens paisibles dans
les tueries ou les arrestations ; préfets, généraux,
procureurs, juges d'instruction, gardes de police, se
jouent de la liberté individuelle : *rien n'est sacré
pour les sapeurs* de cette ombrageuse autorité.

Les préfets ! Qui de nous a oublié ceux que la
poigne illustra sous l'ex-empire ? Et maintenant,
au moment où nous écrivons ces lignes, n'avons-nous
pas le bonheur de posséder au milieu de nous un
parfait modèle de ces omnipotents qui nous traitent
pardessous jambe comme des sujets de leur Hau-
tesse ? — Il aime trop le *singulier* pour ne pas
désirer, lecteurs, que nous vous parlions de lui.

Tout le monde le sait, le gouvernement de Ver-
sailles avait reproché à la Commune de Paris d'avoir,
la première, commencé les combats fratricides et
celle-ci avait fait afficher sur nos murs qu'elle lui
renvoyait le reproche : ce qui prouverait que l'un et
l'autre ont eu des torts. D'après les traditions auto-
ritaires, M. notre Préfet a voulu que le gouvernement
fût cru sur sa parole et pour cela il n'a trouvé rien
de mieux que d'ôter la sienne à la Commune. Or, il
semblerait que notre maire, ayant peu de goût pour
les procédés à la turque, aurait laissé réafficher. Oh !
mais non, se serait écrié notre Jupiter préfectorien,
on n'affichera pas : *sic volo, sic jubeo.* — D'aucuns

soutiennent qu'il n'a pas latinisé et pour cause, c'est-à-dire, par crainte de n'être pas compris. — Quoiqu'il en soit, il a tout de suite et, à tous les coins de rue, fait miroiter à nos yeux un placard, en colère, portant :

« Je donne l'ordre formel à M. le Maire de Lyon..... de faire immédiatemeut enlever toute affiche émanant du comité insurrectionnel de Paris..... 9 avril 1871.»

Analysons ce beau chef-d'œuvre :

Je ? — Mais M. le Préfet, lui qui nage aussi bien que nos gens de rivière, serait-il en peine, autant qu'eux, de conjuguer un verbe ? Ou bien, par hasard, ne serait-il qu'un affreux tutoyeur à qui le *nous* comme le *vous* écorcherait la langue ?

Je donne l'ordre ! Tout beau, sommes-nous vraiment en Turquie ? Car, dans notre pays de France, de tout temps, les rois, les empereurs, les juges, les autorités ont eu la politesse de nous dire : nous ordonnons, formule adoucie, acceptable et point mal vue. Notre pacha serait-il plus grand seigneur ?

Je donne l'ordre formel ! Bondieu, quelle chute ! Eh quoi ! sa Grandeur, commander en argot de brigadier gendarme !

Je donne l'ordre formel à M. le Maire de Lyon ! — Ici, lecteurs, apparait en relief le caractère commun à tous les préfets, caractère usurpateur et provocateur jusqu'à l'insulte. Un préfet n'est que le commis du gouvernement central, commis lui-même de la nation. Un maire est le représentant d'une fraction de cette nation qui, seule a le droit de commander. Évidemment, le représentant est au-dessus du sous-commis autant que le chef est au-dessus du

commis principal : d'où il suit que M. le Préfet de
Lyon n'est pas le supérieur de notre maire, qu'il en
serait plutôt le serviteur, s'il recevait de lui ses gages
et qu'il lui doit de la déférence par respect pour
nous citoyens, seuls maîtres chez nous pour tout ce
qui concerne la police urbaine. C'était donc à notre
maire et non à M. le Préfet qu'appartenait le droit
d'empêcher d'afficher, s'il y avait péril pour la tran-
quilité publique. Et bien ! non ; M. le préfet s'est em-
paré de ce droit avec irrévérence et l'a exercé avec une
superbe qui trahit la menace, qui signifie *carrément :*
C'est moi, moi, qui suis le maître ici ; obéissez,
sinon je..... Voyez, lecteurs, ce qu'il serait arrivé si
la population lyonnaise s'était fâchée de cette alga-
rade et jugez ce que doivent être les autres préfets,
puisque le nôtre est réputé pour l'un des meilleurs !

Les généraux ! Les procureurs ! Les gardes de
police ! — Passons : il y aurait trop à déblatérer.

Les juges d'instruction !

Cela vous étonne, lecteur, que, dans notre liste,
nous citions les juges d'instruction, magistrats que
nous sommes habitués à révérer. Mais, nous lisons
dans un livre, non contredit, l'édifiant interrogatoire
dont nous copions la teneur :

« Le juge : — Vous êtes accusé de complot contre
la sûreté de l'État.

Le prévenu : — Monsieur, je ne suis pas un conspirateur.

— Vous êtes en relation avec MM. G... O... L...
qui sont les chefs du complot.

— Monsieur, je les connais pas.

— Mais alors vous avez fait partie d'un comité qui voulait empêcher le complot.

— Si cela était, monsieur, vous auriez eut tort de me faire arrêter. »

Evidemment, il n'y avait ni preuve ni présomption à la charge d'un homme accusé d'avoir conspiré *pour ou contre* ; pourtant celui-ci se vit refuser son élargissement et comme il avait la conscience de son droit, il protesta. Que fit le juge ? Il l'envoya au cachot digérer sa protestation, avec une cruche d'eau, sur un banc de bois, en face d'un collier de fer et ne lui *octroya* sa mise en liberté qu'après quinze jours de cellule. Quelle indignité !

Lecteurs, nous sommes tous exposés aux avanies de cette autorité sans gêne, injuste, méchante et vindicative : *donc, elle doit être supprimée.* N'allons pas croire que l'abolition du fameux article 75, décrétée par nos dictateurs de 1870, — pauvres dictateurs, que n'ont-ils toujours décrété aussi justement ! — ne croyons point que cette abolition sera maintenue ou qu'elle ne sera pas éludée par une Restauration quelconque : nous serions par trop naïfs. Eh, quoi ! tolérer que nos tyranneaux répondent de leurs actes ! mais ce serait les obliger à ne plus se poser en supérieurs de nous, citoyens, à nous respecter humblement, à changer leur morgue en politesse, ce serait les empêcher de conniver avec les coquins, de malverser, de machiner ou d'attiser des troubles, de faire du zèle pour obtenir de l'avancement, ce serait rester en quasi-république, vouer à mille périls la propriété, la famille, le trône et l'autel, oh, bien sûr !

cé serait précipiter la société dans l'abîme des révolutions...

Nous avons un peu failli, dans ce chapitre, à notre promesse de ne point narrer les faits de notre époque. Nous avons, du moins, la confiance d'avoir été, lecteurs, l'organe de vos sentiments intimes. En tout cas, c'est la faute à nos Ochlocrates que nous avons dû blâmer pour qu'ils se repentent et reviennent à résipiscence et non pour nous associer à leurs injustes détracteurs. Nous rendons pleine justice à leurs bonnes intentions, nous convenons des difficultés qu'ils ont rencontrées, nous leur reprochons uniquement d'avoir, par une présomption inconsidérée, supplanté la vraie République qui eut sauvé la France. Qu'ils nous pardonnent nos vivacités de langage, au nom du patriotisme qui est leur excuse et la nôtre, Ah ! s'ils renonçaient à l'esprit autoritaire, s'ils consentaient à rejeter du corps électoral les incapables et les indignes, à demander la révocabilité du mandat électif, à repousser de nos Gardes nationales les gens târés et de mauvaise vie, combien nous leur serions ami et que de conservateurs, de royalistes même, ils rallieraient à notre noble cause ! Nous avons bon espoir. Déjà, nous avons remarqué qu'ils n'ont point trempé dans la conjuration des communiers : c'est un heureux présage que nous saluons avec bonheur.

Ajoutons, pour la franchise, que chez les communiers nous condamnons avec horreur, leur despotisme et leurs instincts sanguinaires sans improuver leur système de l'autonomie communale, qui nous paraîtrait parfait s'il n'avait le défaut d'être inapplicable.

DE L'AUTONOMIE DE LA FAMILLE.

Autant l'autorité personnelle des chefs et des subalternes du pouvoir est détestable, autant est sacrée l'autorité du père de famille, malheureusement frappée d'une déchéance qui est la cause principale de notre décadence nationale.

Chez les peuplades sauvages, l'enfant se dérobe à la famille dès qu'il est en âge de se passer d'elle : mais il n'est qu'un bouquetin qui court après la nourriture que réclame son estomac avide, un petit satyre qui cherche une femelle de son goût ; il suit la fougue de son naturel, sans avoir le sentiment de la dignité humaine, resté à l'état latent dans son âme rude et brute et, si des éclairs d'intelligence viennent illuminer son esprit, le faire rêver à des aspirations incomprises, il est bien à plaindre, le pauvre enfant des bois !

Chez nous, les fils des civilisés sont nourris, vêtus, catéchisés, instruits de connaissances morales qui devraient ennoblir leur âme et, néanmoins, à peine adolescents, ils se montrent indociles, manquent de respect à leur père qui a si dûrement travaillé pour eux, à leur douce mère qui a eu tant de peine à les élever, se moquent du vieux grand-père, de la bonne grand'mère, se révoltent contre toute surveillance, brisent tout frein et s'emportent en des excès qui consument leur virilité naissante, alanguissent leur corps, obscurcissent leur entendement, dégradent leur cœur et les avilissent jusqu'à l'impudence de vivre d'escroqueries, de vols et même de la prostitution. Tel est le spectacle répugnant qu'offrent les bas fonds de la société de nos villes policées : n'est-ce pas à préférer d'aller rejoindre les nomades dans leurs vastes forêts où du moins l'on respire un air pur et sans mauvaise odeur?

Dans les autres classes de la société, les fils apportent quelques formes à leur insubordination et, dans leur libertinage, ils ne descendent pas jusqu'à l'abjection immonde : ce sont eux qui payent. Mais si l'on s'en rapporte aux physiologistes qui pratiquent la science et l'étudient sur nature, le dévergondage des jeunes gens comme il faut produirait également sur la sensibilité, sur les facultés intellectuelles, des effets déplorables, des maladies inconnues et innommées il y a vingt-cinq ans. Quelle race d'hommes dégénérés ces affamés de plaisirs nous préparent-ils avec leur moëlle épinière desséchée, leur cervelet ramolli et quelle race de citoyens?

Il est un moyen de prévenir le péril immense qui nous menace, moyen tout à fait conforme aux principes de la vraie République : c'est de reconforter la puissance paternelle en conférant au chef de famille la faculté maîtresse de déshériter l'enfant qui, après avoir subi la correction permise par la loi, tombe dans de nouveaux écarts. Qu'importe à un mauvais fils d'être détenu six mois, s'il a la certitude que l'héritage ne lui échappera pas? Il ne s'amendera point, si au contraire il ne se pervertit davantage ; tandis que la crainte de perdre l'avoir sur lequel il compte, le forcera à des réflections sensées, le retiendra dans le devoir et le ramènera peu à peu à la sagesse.

Le moyen proposé est extrême, il en faut convenir ; mais le mal n'est-il pas épouvantable? Si vous ne le connaissez pas, lecteurs, restez dans votre ignorance, pour n'avoir la douleur de gémir, de pleurer sur notre France, bien aimée. Toutefois, permettez-nous d'affirmer que Bonaparte n'y est pour rien, quoi qu'on en dise. L'ex-empereur répondra, devant l'histoire, de l'affaissement de notre esprit public et d'assez d'autres maux pour qu'on ne lui impute pas celui qu'il n'a point commis. Il a donné l'exemple de mœurs dépravées : quel prince ne le donne pas? Mais la corruption remonte plus loin que lui, la multiplication, toujours croissante, du nombre des enfants naturels a commencé avant son règne et ce fait suffit à le disculper.

A propos des enfants naturels, il se présente des questions qui se rattachent à l'autonomie de la famille.

Pourquoi la loi interdit-elle de donner à l'enfant naturel les droits d'un enfant légitime? Est-ce le bâtard qui a voulu naître hors du mariage? Le père qui a promis d'épouser, n'est-il pas co-responsable de la faute de sa maîtresse? Ne doit-il pas à celle-ci une réparation, s'il l'abandonne? La mère qui, dans sa détresse, peut à peine se suffire et qui se prive du nécessaire pour sustenter sa chère petite créature, pour la vêtir, pour l'élever pendant que l'amant, traître et oublieux, vit dans l'aisance et se marie à

une autre, n'est-elle pas digne de pitié? Le civilisé ne
vaut-il mieux que le barbare qui assouvit sa passion
et s'en va à de nouvelles amours sans reconnaissance
et sans nul souci de la progéniture à venir? N'y a-t-il
pas enfin quelque chose à faire, par bonté, par justice
et le déréglement des mœurs ne serait-il pas retenu,
amoindri par quelque répression?

Lecteurs, sous la vraie République où l'équité est
la loi suprême, un jury de vieillards, jugerait sévère-
rement les causes des mères trompées et délaissées
et aurait bientôt arrêté un désordre impur, source
fangeuse de tant d'injustices, de cruautés. N'attendez
pas de la monarchie une aussi honnête réforme! Elle
est trop intéressée à la corruption : rappelez-vous
ces empereurs d'Autriche qui, en Lombardie, provo-
quaient à la débauche, en facilitant la circulation des
livres et des peintures obscènes, dans l'espoir de dé-
tourner les Italiens des nobles pensées de patriotisme
et de liberté.

Nous n'avons parlé de l'autonomie de la famille
qu'au point de vue de notre sujet principal. Nous
n'en dirons rien de plus si ce n'est deux mots de ré-
ponse a une objection de pure forme.

L'objection est très-nette.

— Monsieur le brochurier, l'autonomie de la famille est le droit que la famille a ou aurait de se
gouverner elle-même. Or, vous ne demandez pas
que le père soit affranchi de l'obligation de se faire
autoriser par justice à corriger ses enfants et vous
paraissez ne pas admettre ces derniers à participer
au gouvernement de la maison ; donc, la famille,

dans votre système, n'est pas autonome.

— C'est vrai, c'est juste. Nous ne reconnaissons d'autorité absolue à personne au monde ; nous ne concédons aux enfants que le seul droit de réclamer contre une dûreté excessive : notre chapitre est intitulé à rebours. Mais le mot d'autonomie est en vogue. En ce moment, dans les livres, dans les journaux, dans les conversations l'on ne traite que de l'autonomie de l'homme, de l'autonomie de la commune, de l'autonomie de la nation, quoiqu'il n'y ait pas, sur la terre, d'autonomie proprement dite. Nous avons sacrifié à la mode et nous aurions eu tort, vraiment, si son autorité éphémère ne vivait comme vit la fleur, l'espace d'un matin, d'une quinzaine, tout au plus d'une saison. De grâce, excusez-nous, lecteurs, le vent emportera si vite la brochurette et notre faute de logique.

DE LA LIBERTÉ DE CONSCIENCE.

Nous aurions peur de trop ennuyer nos lecteurs, si nous leur faisions perdre du temps à lire ici des topiques sur les libertés inviolables. Qu'ils nous permettent cependant de les entretenir, quelques minutes, de deux points, concernant la liberté de conscience, qui ont dû parfois éveiller leur sollicitude : l'athéisme et l'immixtion du prêtre dans les affaires politiques.

Dieu, c'est le principe de la vie, principe indéfinissable, mais bien reconnaissable à ses effets harmoniques. Les savants constatent son existence dans leurs expérimentations, quoiqu'ils ne puissent découvrir sa manière d'être ; les chimistes, surtout, rencontrent à chaque instant la présence du grand inconnu, attestée par des phénonèmes qui ne se peuvent expliquer sans elle : nous sommes donc autorisé à conclure que, *scientifiquement*, Dieu est tenu pour exister et que c'est à l'athée de prouver qu'il n'existe pas.

La vie se manifeste par le jeu des forces que Dieu a mises en mouvement depuis la création ou de toute éternité et qui produisent spontanément et perpétuellement des êtres variés selon des proportions dont il a été l'ordonnateur, proportions qui distinguent les genres et les espèces depuis l'animalcule presque inorganisé jusqu'à l'homme dont l'organisme est le plus parfait parmi les habitants de la terre. Pour ne pas nous égarer dans la description du perfectionnement gradatif des êtres animés, disons simplement qu'audessus des bêtes dont les unes n'ont qu'un instinct aveugle et les autres un instinct de plus en plus intelligent, plane l'homme doué des facultés de la raison et de la conscience. Ces facultés innées nous apprennent sans maître ce qui est juste, ce qui est bon, ce qui est beau et notre obligation d'observer les maximes qui en découlent. Enfin, l'idée de justice que nous trouvons dans notre conscience nous promet qu'après la mort nous irons dans une autre vie dont le sort sera proportionné à nos mérites ou à nos démérites.

Quiconque rejette cette doctrine n'est pas républicain : hors d'elle, le droit n'a pas de fondement, la liberté est sans base, la société ne repose que sur des nécessités d'intérêt commun, sur un pacte qui n'a pas d'autre sanction que la contrainte. L'athée veut jouir en ce monde et il a raison, si après la mort c'est le néant. Pour jouir, il serait donc fou de reculer devant le crime, s'il peut échapper au châtiment, et de ne pas opprimer les citoyens, s'ils ne peuvent s'en défendre.

Ainsi, la vraie République n'admet point l'athéisme, parce qu'il serait la liberté du despotisme ; mais, que l'on adore Dieu comme on le voudra, que l'on soit juif, chrétien, catholique apostolique, catholique infaillibiliste ou payen, boudhiste, musulman, cela ne l'a regarde pas, pourvu que l'on ne touche point à nos vraies libertés.

Le prêtre a-t-il le droit de voter ? C'est possible. Ne ferait-il pas mieux de s'abstenir ? Nous le pensons. Oh ! ce n'est point pour la raison banale qu'il est citoyen de l'autre monde, mais, franchement, parce que nous sommes sûr qu'il votera de travers. Quand il se mêle de politique, il fait taire le sens moral dans son âme aussi aisément que ferait un athée. A cet endroit-là, il n'a pas de scrupule ; sa politique est une haute dame qui, par un privilége spécial, ne peut pécher et pas n'est besoin de réunir un Concile pour proclamer l'impeccabilité de l'immaculée coquine. Heureusement qu'elle n'est pas infaillible ! La preuve n'est pas loin.

Un prince avait parjuré, emprisonné les élus de la nation, assassiné de paisibles spectateurs de son coup d'Etat, proscrit 40,000 citoyens ; le scélérat,

voulant légitimer son usurpation, a promis au prêtre
quelque bonne part de domination et le prêtre a voté
pour lui, a reçu son prince, à la porte des églises, en
pompe solennelle, a osé saluer le parjure, l'assassin,
des paroles qu'adressa le peuple juif à Jésus et l'a
comblé de ses acclamations enthousiastes. Mais,
le tour fait, *l'autre* garda pour lui la domination,
toute la domination et borna ses largesses à l'au-
mône de petits cadeaux qui entretiennent l'amitié, de
quelques chasubles, d'une légère augmentation de
traitement, d'une humiliàtion de l'Université, de fa-
daises frivoles. Qui se mordit les lèvres ?

Cette leçon n'empêchera pas le prêtre de recom-
mencer à conspirailler au profit du premier ambitieux venu et si bientôt il s'agit de décider du sort
de la République, il votera contre. On aura beau lui
rappeler que la Républiqne est le règne de la justice,
de la dignité, de la bonté, vertus chrétiennes et très-
chrétiennes, il répondra qu'il n'en veut pas, de la
République, parce qu'il y a de mauvais républicains.
Vain prétexte ! il n'ignore pas qu'ils argumentent à
faux les mécréants qui ne veulent pas de la religion,
parce qu'il y a de mauvais prêtres. Sa vraie raison, c'est
qu'il veut la domination et que les républicains n'en-
tendent lui laisser que la liberté. Il y tient à cette domination chérie comme à la prunelle de ses yeux. La
liberté, fi donc ! s'écrie-t-il, c'est la grande prostituée
de l'Apocalypse. Jamais, je n'adorerai l'infâme !......
exepté pourtant dans l'Amérique du Nord où elle me
permet de faire ce qui me plait. — Il feint d'ignorer
qu'en France on lui accorderait la même liberté

qu'en Amérique s'il se résignait ici comme là-bas à renoncer à ses ingérences occultes dans les affaires de l'Etat.

Le prêtre, a-t-il le droit d'influencer les fidèles, de leur conseiller de voter d'après son opinion ?

Non, non, mille fois non !

Le défaut de sens politique dont le clergé a fait preuve suffirait à justifier notre protestation énergique. Un motif plus grave s'y ajoute.

L'hostilité des cléricaux contre la liberté du peuple, leur collusion avec Bonaparte, leurs railleries injurieuses, débitées en pleines chaires, en 1852, contre les républicains proscrits, ont amené, dans l'esprit d'un grand nombre, une réaction funeste à la religion. La morale indépendante qui n'est rien de moins que l'athéisme mal déguisé, a recruté ses adeptes parmi des hommes moins irréligieux qu'irrités des outrages prodigués à leur parti et Dieu sait quels malheurs nous prépare l'athéisme s'il grandit encore ou plutôt si le clergé ne se renferme pas dans l'Église.

Assez, sur ce sujet ! Nous aurions trop mauvaise grâce à en remontrer à qui a le pouvoir de nous prêcher et nous ne voudrions pas déplaire à de saints prêtres que nous aimons de toute notre cœur, parce qu'ils remplissent si bien leur vie à enseigner la divine morale, à prier Dieu pour nous, à faire tout le bien possible, qu'il ne leur reste pas un instant à donner à la malice cléricale.

CONCLUSION

Le citoyen, jaloux des droits de liberté, d'égalité, de fraternité, mais fidèle observateur des devoirs de la justice, de la dignité et de la bonté, mérite d'entrer dans le temple de la République et, s'il est fermement résolu à défendre l'autorité des lois morales et des lois consenties de tous, à ne souffrir aucune autorité personnelle ni aucune violence, à maintenir l'ordre dans la cité, dans le pays, à sacrifier ses biens, sa vie pour la patrie, s'il est de mœurs austères autant que le supporte notre fragilité, s'il est père sévère ou fils soumis, s'il croit en Dieu et en la vie future, s'il sait lire, écrire, penser, se décider de lui-même malgré les influences des conseilleurs, prêtres ou ochlocrates, *il est vrai républicain*; tandis qu'autrement, il n'est qu'un républicain de contrebande : nous espérons l'avoir démontré.

Ce programme est magnifique, nous diront les royalistes, nous serions heureux de vivre sous la République sage que vous dépeignez; mais le peuple est-il capable des vertus qu'elle commande?

— Le peuple, messieurs, est assimilable à la femme : il devient ce qu'on le fait. Versatile comme elle et rempli comme elle de sentiments généreux, il a plus d'attrait pour le bien que pour le mal et pour le séduire il faut que le vice se déguise sous les apparences de la vertu. Le peuple !.... mais dans la vraie République, le peuple, Messieurs, c'est vous, c'est nous, c'est ceux qui sont dignes et capables d'être citoyens. Si vous trouvez que l'élimination des *autres* ne garantisse pas la société à votre souhait, donnez-nous le paradis sur la terre, paradis que la monarchie ne sut jamais établir. Et encore, le voulez-vous donc, ce paradis, plus parfait que celui du ciel où les démons se battent avec les anges?

Ah! certainement, pour veiller aux affaires publiques, il faut du courage, de l'activité, de la prudence, de la persévérance autant que pour s'adonner à ses propres affaires; mais ces qualités vous les avez; elles vous ont servi à gagner votre fortune ou à vous faire place dans le monde : consentirez-vous bénévolement à risquer toujours les fruits d'un long et patient travail dans les folles entreprises de quelque personnage, égaré par les hallucinations qui couvent dans un cerveau couronné?

Du reste, messieurs, vous aurez la main forcée : une restauration ne peut réussir ou ne peut tenir.

Bonaparte n'est voulu que des gens qu'il soudoye : la France le méprise.

M. le comte de Paris, s'il n'a pas oublié le testament mémorable de son père qui lui recommande de respecter toujours la souveraineté du peuple, ne tentera pas de s'imposer à la nation. Peut-être a-t-il fait sa sonmission à Henri V, ainsi que le répètent les échos du Grand-Saeconnex et, en ce cas, il ne serait qu'un prétendant à titre d'héritier futur et il n'héritera pas.

M. le comte de Chambord ne demandera pas sa couronne au suffrage universel : ce serait abdiquer on rôle de roi légitime. Il peut monter sur le trône à l'aide de quelque surprise que favorisent nos troubles ; mais il ne refusera pas à ses amis fidèles, les légitimistes, à ses amis de renouveau, les cléricaux, des actes sauveurs qui récompensent les bons et punissent les méchants, des lois anodines qui réglementent l'usage de la liberté et alors... la République reviendra et adieu l'héritage, M. le Comte de Paris !

Lecteurs, plus rien que le mot de la fin.

Les royalistes détiennent, en ce moment, la République. Mon Dieu ! qu'ils la gardent, pourvu qu'ils la conservent ! Elle aurait la chance d'être mieux en sûreté chez eux que chez les Ochlocrates et cela ne l'empêcherait pas de grandir. S'ils l'étranglent, gare à leurs cheveux grisonnants !

Qu'ils ne comptent pas sur les paysans pour lui tordre le cou ! Les Picot ne sont pas si bêtes. Aller voter pacifiquement avec et selon le matador du village, qui leur peut rendre quelques menus services, cela les chiffonne en secret, sans les arrêter. Mais aller s'insurger contre les villes qui leur achètent si chèrement le grain, le vin, la paille, les denrées, aller tuer la poule qui pond de si beaux œufs d'or dans leurs coffres,.. pas du tout, pas du tout. Et quand ils s'apercevront que les prix baissent, parce que les royalistes entretiennent les dissensions... Hélas ! hélas ! souvenons-nous des incendies et des meurtres de la Galicie et défions-nous de la République des paysans !

FIN.

Imp. STORCK, à Lyon.